Scott Foresman

Libritos de fonética para la casa

Scott Foresman

Editorial Offices: Glenview, Illinois • New York, New York
Sales Offices: Reading, Massachusetts • Duluth, Georgia • Glenview, Illinois
Carrollton, Texas • Menlo Park, California

Copyright © Addison-Wesley Educational Publishers Inc.

All rights reserved. Printed in the United States of America.

This publication is protected by copyright and permission should be obtained from the publisher prior to any prohibited reproduction, storage in a retrieval system, or transmission in any form or by any means, electronic, mechanical, photocopying, recording, or otherwise. For information regarding permission, write to: Scott Foresman, 1900 East Lake Avenue, Glenview, Illinois 60025.

Editorial Offices
Glenview, Illinois • New York, New York

Sales Offices
Reading, Massachusetts • Duluth, Georgia • Glenview, Illinois
Carrollton, Texas • Menlo Park, California

ISBN 0-673-63341-1

5 6 7 8 9 10 - CRK - 06 05 04 03 02 01

ÍNDICE

Libritos de fonética Unidad 1

Librito 1   Amigos
                Vocales *a, e, o*

Librito 2   La isla
                Vocales *i, u*

Librito 3   Las vocales
                a, e, i, o, u

Librito 4   Mi día
                Sílabas *ma, me, mi, mo, mu*

Librito 5   Papá y mamá
                Sílabas *pa, pe, pi, po, pu*

Librito 6   Los padres
                Repaso: *a, e, i, o, u; ma, me, mi, mo, mu; pa, pe, pi, po, pu*

Libritos de fonética Unidad 2

Librito 7   Pan y sopa
                Sílabas *sa, se, si, so, su*

Librito 8   ¿Dónde está?
                Sílabas *na, ne, ni, no, nu*

Librito 9   Lana para Lilí
                Sílabas *la, le, li, lo, lu*

Librito 10   Dime, Susana
                Sílabas *da, de, di, do, du*

Librito 11   En la casa de mamá
                Palabras que riman

Librito 12   No lo sé
                Repaso: *sa, se, si, so, su; na, ne, ni, no, nu; la, le, li, lo, lu; da, de, di, do, du*

Libritos de fonética Unidad 3

Librito 13   Totó mete la pata
                Sílabas *ta, te, ti, to, tu*

Librito 14   El bate de Beto
                Sílabas *ba, be, bi, bo, bu*

Librito 15   Mi foca Filomena
                Sílabas *fa, fe, fi, fo, fu*

Librito 16   Mi amiga Chabela Chávez
                Sílabas *cha, che, chi, cho, chu*

Librito 17   Mi A B C
                Identificar el alfabeto en orden

Librito 18   La banda de Tomás
                Repaso: *ta, te, ti, to, tu; ba, be, bi, bo, bu; fa, fe, fi, fo, fu; cha, che, chi, cho, chu;* rima

Libritos de fonética Unidad 4

Librito 19   El gato y el gusano
                Sílabas *ga, go, gu*

Librito 20   Miguelito y el guiso
                Sílabas *gue, gui*

Librito 21   El baño
                Sílabas *ña, ñe, ñi, ño, ñu*

Librito 22   ¡Vamos a navegar!
                Sílabas *va, ve, vi, vo, vu*

Librito 23   Las llamas
                Sílabas *lla, lle, lli, llo, llu*

Librito 24   Vivian y David
                Repaso: *ga, go, gu; gue, gui; ña, ñe, ñi, ño, ñu; va, ve, vi, vo, vu; lla, lle, lli, llo, llu*

Libritos de fonética Unidad 5

Librito 25	¿Qué te gusta comer? Sílabas *ca, co, cu*	
Librito 26	¡Qué sabio ratoncito! Sílabas *que, qui*	
Librito 27	El payaso Yiyo Sílabas *ya, ye, yi, yo, yu*	
Librito 28	Los amigos de Jovita Sílabas *ja, je, ji, jo, ju*	
Librito 29	Gisela va al circo Sílabas *ge, gi*	
Librito 30	Los gemelos van de viaje Repaso: *ca, co, cu; que, qui; ya, ye, yi, yo, yu; ja, je, ji, jo, ju; ge, gi*	

Libritos de fonética Unidad 6

Librito 31	El ratoncito va al recreo *r* inicial	
Librito 32	Del cerro al arroyo Sílabas con *rr*	
Librito 33	El zorrito y sus zapatos Sílabas *za, zo, zu*	
Librito 34	Sopa de cebolla con cebada Sílabas *ce, ci*	
Librito 35	La tuna de Coreta *r* suave	
Librito 36	Azucena y Zoco Repaso: *r* inicial; sílabas con *rr; za, zo, zu; ce, ci; r* suave	

Mi amiga Chabela Chávez

por Sonia Barreto
ilustrado por Trish Rouelle

Lectura
Scott Foresman

Kindergarten
Librito de fonética 16

**Mi amiga
Chabela Chávez**
por Sonia Barreto
ilustrado por Trish Rouelle

Fonética:
• *cha, che, chi, cho, chu*

Sistema de fonética
Scott Foresman

© Scott Foresman K

Fonética en familia: Con este cuento el niño está aprendiendo a leer las sílabas *cha, che, chi, cho, chu*. Además, repasa las palabras de uso frecuente *está* y *en*. Lean juntos el cuento en voz alta, señalando cada palabra. Invite al niño a que lea el cuento solo.

Fonética: *cha, che, chi, cho, chu*

No le teme a nada,
ni a los chaparrones.
Siempre echa adelante.

Scott Foresman

Editorial Offices: Glenview, Illinois • New York, New York
Sales Offices: Reading, Massachusetts • Duluth, Georgia
Glenview, Illinois • Carrollton, Texas • Menlo Park, California

Mi amiga
Chabela Chávez

Chabela sabe
bailar chachachá con
mucha gracia.

es una muchacha chévere.

Mi amiga Chabela es una chica chistosa.

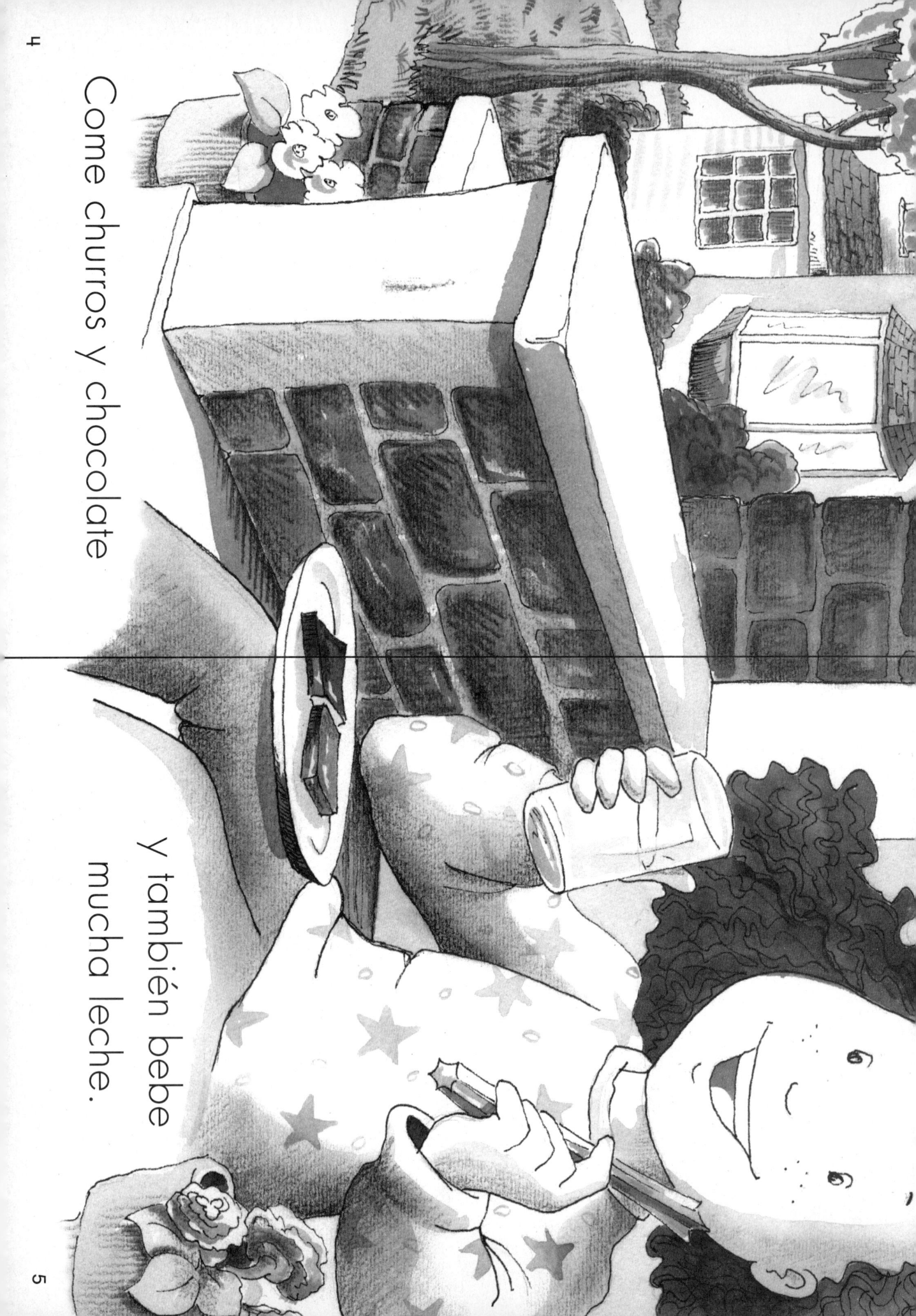

Come churros y chocolate y también bebe mucha leche.

La banda de Tomás

por Polina Pasos
ilustrado por Charlie A. Zabarte

**Kindergarten
Librito de fonética 18**

La banda de Tomás
por Polina Pasos
ilustrado por
Charlie A. Zabarte

Fonética:
- **Repaso:** *ta, te, ti, to, tu;
  ba, be, bi, bo, bu;
  fa, fe, fi, fo, fu;
  cha, che, chi, cho, chu*
- **Rima**

Fonética en familia: Con este cuento el niño repasa la lectura de sílabas con las letras *t, b, f, ch,* y practica la rima. Léale el cuento al niño en voz alta. Pídale al niño que le muestre las palabras que tienen las consonantes *t, b, f, ch* y las palabras que riman.

Fonética: Repaso: *ta, te, ti, to, tu; ba, be, bi, bo, bu; fa, fe, fi, fo, fu; cha, che, chi, cho, chu;* rima

Todos tocan al compás en la banda de Tomás.

Scott Foresman

Editorial Offices: Glenview, Illinois • New York, New York
Sales Offices: Reading, Massachusetts • Duluth, Georgia
Glenview, Illinois • Carrollton, Texas • Menlo Park, California

En la banda de Tomás

Fátima toca el piano con los dedos de la mano.

todos tocan al compás.

La tuba la toca Chantal
y no la toca nada mal.

Belinda toca el tambor y le da mucho calor.

La pequeña Coreta toca la pandereta.

Lectura
Scott Foresman

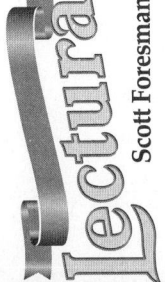

Kindergarten
Librito de fonética 19

El gato y el gusano
por Gabriel González
ilustrado por Brian Bierig

Fonética:
- *ga, go, gu*

Sistema de fonética Scott Foresman™

El gato y el gusano

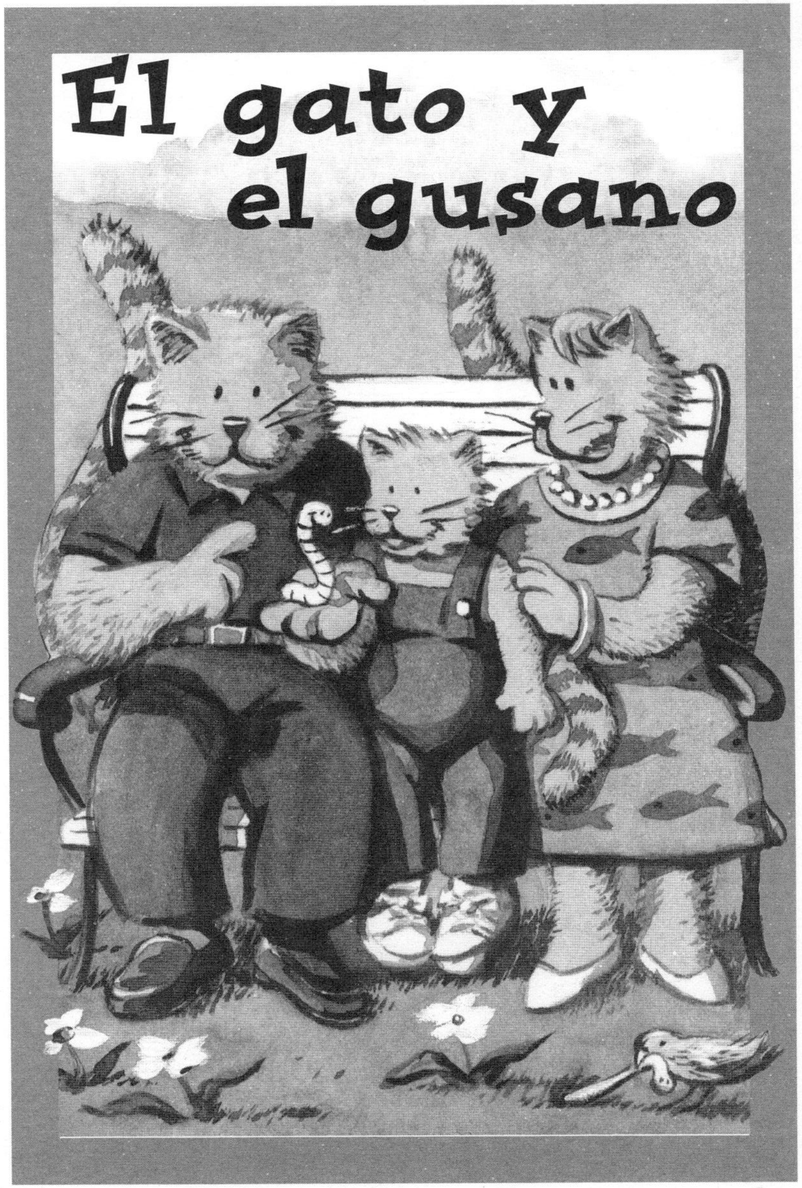

por Gabriel González
ilustrado por Brian Bierig

Fonética en familia: Este cuento le ofrece al niño la oportunidad de practicar palabras que contienen las sílabas *ga, go* y *gu*, así como las palabras de uso frecuente *papá* y *mamá*. Después de leer el cuento juntos, pídale que le muestre las palabras del cuento que comiencen con estas sílabas. Invite al niño a jugar descubriendo los objetos de la casa que empiecen con las sílabas *ga, go* y *gu*.

Palabras de uso frecuente: *papá, mamá*

Fonética: *ga, go, gu*

Les da agua al gato
y al gusano.

Scott Foresman

Editorial Offices: Glenview, Illinois • New York, New York
Sales Offices: Reading, Massachusetts • Duluth, Georgia
Glenview, Illinois • Carrollton, Texas • Menlo Park, California

El gato Agapito

Papá gato toma agua del lago.

está con su mamá
y su papá.

El gato dice: —¡Papá, quiero agua!

El gusano Gabi es amigo del gato.

Están al lado de un lago.

Miguelito y el guiso

por Vanessa Valera
ilustrado por Matt Jasiorkowski

**Kindergarten
Librito de fonética 20**

Miguelito y el guiso
por Vanessa Valera
ilustrado por
Matt Jasiorkowski

Fonética:
• *gue, gui*

© Scott Foresman K

Fonética en familia: Este cuento le ofrece al niño la oportunidad de practicar palabras que contienen las sílabas *gue* y *gui*. Lea el cuento en voz alta, señalando cada palabra. Invite al niño a jugar descubriendo nombres de cosas que empiecen con estas sílabas.

Fonética: *gue, gui*

Sí, sí, ¡me como el guiso!

Scott Foresman

Editorial Offices: Glenview, Illinois • New York, New York
Sales Offices: Reading, Massachusetts • Duluth, Georgia
Glenview, Illinois • Carrollton, Texas • Menlo Park, California

Miguelito, ¡vamos a comer!

Y también comemos un higo.

Miguelito come un guiso de guisantes y papas.

Si comes el guiso, vamos a la higuera a tocar la guitarra.

No quiero el guiso, mamá.

Quiero comer un higo de la higuera.

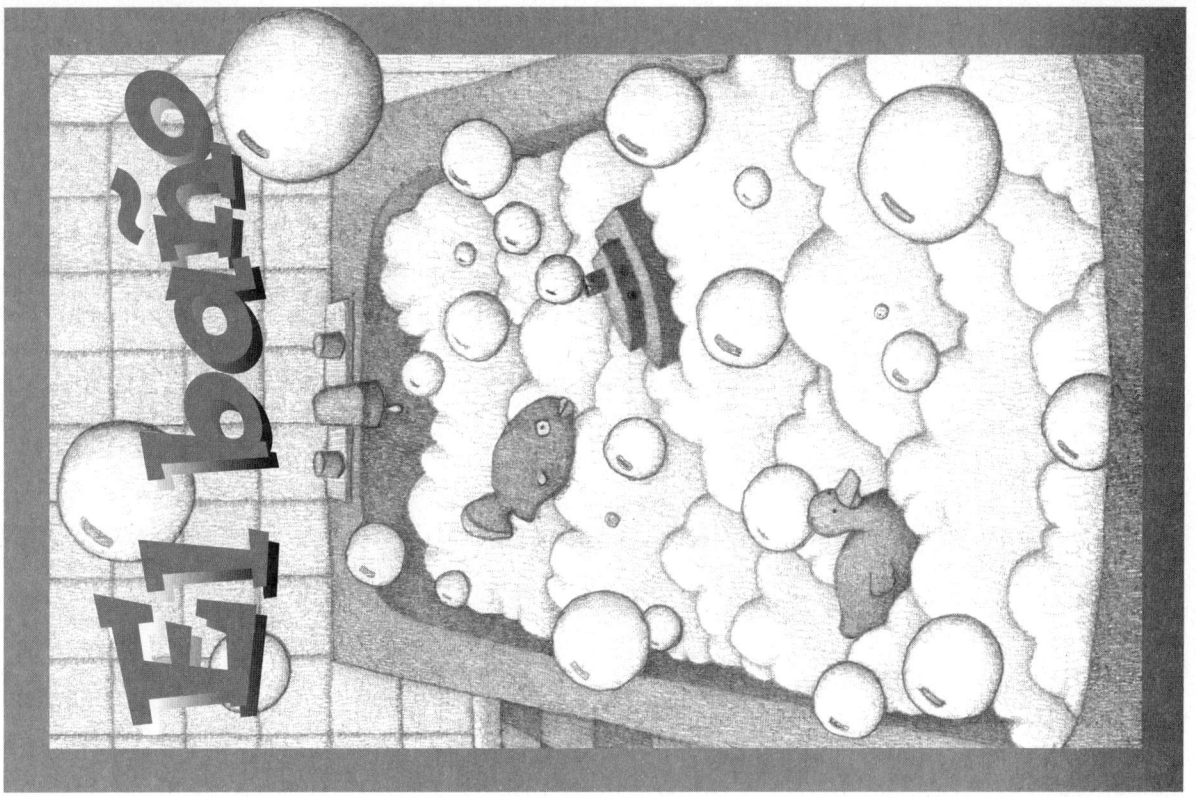

El baño

por Víctor Niño
ilustrado por Paul Yalowitz

**Kindergarten
Librito de fonética 21**

El baño
por Víctor Niño
ilustrado por Paul Yalowitz

Fonética:
- ña, ñe, ñi, ño, ñu

© Scott Foresman K

Fonética en familia: Este cuento le ofrece al niño la oportunidad de practicar palabras que contienen las sílabas ña, ñe, ñi, ño, ñu, así como las palabras de uso frecuente qué y más. Después de haber leído juntos el cuento, pídale que le muestre las palabras que contienen las sílabas ña, ñe, ñi, ño, ñu.

Palabras de uso frecuente: *qué, más*

Fonética: *ña, ñe, ñi, ño, ñu*

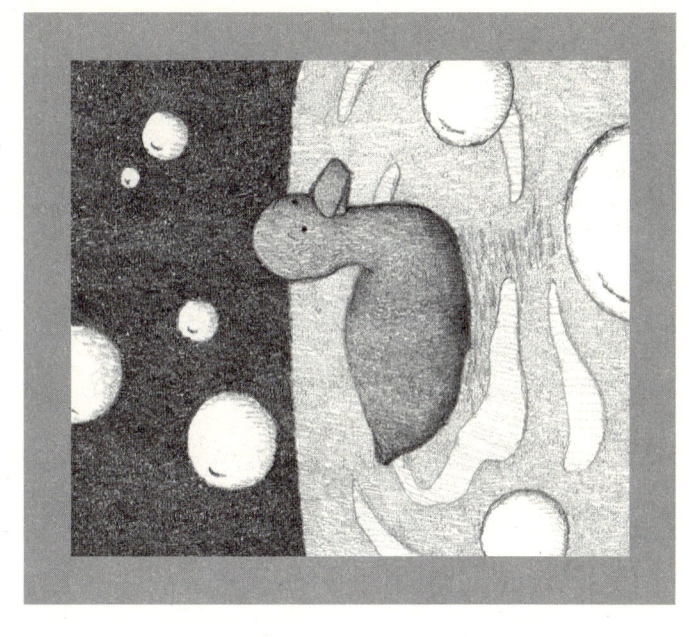

Scott Foresman

Editorial Offices: Glenview, Illinois • New York, New York
Sales Offices: Reading, Massachusetts • Duluth, Georgia
Glenview, Illinois • Carrollton, Texas • Menlo Park, California

En la bañera se bañan el niño, la niña, más la niñita.

En la tele el ñu se baña en el lago.

Mamá les pide a los niños que se bañen.

En la casa la niña se baña en la bañera.

Mamá pasa a la sala.

El niño también se baña
en la bañera.

En la cuna la niñita llora.
¡Qué niñita!

¡Vamos a navegar!

por Petra Posada
ilustrado por Bradley Clark

**Kindergarten
Librito de fonética 22**

**¡Vamos a navegar!
por Petra Posada
ilustrado por Bradley Clark**

Fonética:
- *va, ve, vi, vo, vu*

© Scott Foresman K

Fonética en familia: Con este cuento el niño está aprendiendo a reconocer las sílabas va, ve, vi, vo, vu. Lea el cuento en voz alta, señalando cada palabra. Después, invite al niño a leer el cuento en voz alta.

Fonética: va, ve, vi, vo, vu

En verano van
de vacaciones.
¡Viva, viva!

Scott Foresman

Editorial Offices: Glenview, Illinois • New York, New York
Sales Offices: Reading, Massachusetts • Duluth, Georgia
Glenview, Illinois • Carrollton, Texas • Menlo Park, California

Verónica y Valentín son vecinos.
Viven en casas vecinas.

También van a la viña a comer uvas.

¡Verónica, Valentín, la merienda!

La mamá de Valentín les avisa para la merienda.

A veces se van con el papá a navegar en velero.

Valentín toma jugo de uva en un vaso verde. Verónica come avellanas.

También lavan los vasos para ayudar a la mamá.

Las llamas

por Guadalupe V. López
ilustrado por Leslie Watkins

**Kindergarten
Librito de fonética 23**

**Las llamas
por Guadalupe V. López
ilustrado por
Leslie Watkins**

Fonética:
- *lla, lle, lli, llo, llu*

Sistema de fonética
Scott Foresman

Fonética en familia: Este cuento le ofrece al niño la oportunidad de practicar palabras que contienen las sílabas *lla, lle, lli, llo, llu,* así como las palabras de uso frecuente de y usted. Después de haber leído el cuento juntos, pídale al niño que le muestre las palabras que contienen las sílabas *lla, lle, lli, llo, llu*. Ayúdele a leer las palabras que le puedan causar dificultad, como *lluvioso, amarilla, esposo, nombre, feliz y días.*

Palabras de uso frecuente: *de, usted*

Fonética: *lla, lle, lli, llo, llu*

En su valle lluvioso, la pequeña familia vive feliz todo el día.

Scott Foresman

Editorial Offices: Glenview, Illinois • New York, New York
Sales Offices: Reading, Massachusetts • Duluth, Georgia
Glenview, Illinois • Carrollton, Texas • Menlo Park, California

Allá abajo,
en un valle lluvioso,

Lleva también
don Llama Villa
una bella llave amarilla.

vive una llama y su esposo.

Me llamo
Llama Llano de Villa.
Mucho gusto.
Tome usted una silla.

Llevan medallas
las dos llamas.
Llevan medallas
el don y la dama.

La medalla de ella
lleva su nombre.

Vivian y David

por René Subiría
ilustrado por Vicki Wehrman

**Kindergarten
Librito de fonética 24**

Vivian y David
por René Subiría
ilustrado por
Vicki Wehrman

Fonética:
- Repaso: *ga, go, gu; gue, gui;
ña, ñe, ñi, ño, ñu;
va, ve, vi, vo, vu;
lla, lle, lli, llo, llu*

Fonética en familia: Con este cuento el niño está repasando las sílabas *ga, go, gu; gue, gui; ña, ñe, ñi, ño, ñu; va, ve, vi, vo, vu; lla, lle, lli, llo, llu.* Señale palabras del cuento que contienen las sílabas mencionadas.

Fonética: Repaso: *ga, go, gu; gue, gui; ña, ñe, ñi, ño, ñu; va, ve, vi, vo, vu; lla, lle, lli, llo, llu*

Vivian y David son amigos.

Scott Foresman

Editorial Offices: Glenview, Illinois • New York, New York
Sales Offices: Reading, Massachusetts • Duluth, Georgia
Glenview, Illinois • Carrollton, Texas • Menlo Park, California

David no tiene amigos.
Está solo y llora mucho.

David no llora.
David está feliz.

Vivian ve que David llora.

¿Nadie te ama, David?
Yo te amo.

¿Lloras, David?

Sí, Vivian. Nadie me ama.

¿Qué te gusta comer?

por Inés Salas
ilustrado por Lee Fitzgerrell Smith

Lectura
Scott Foresman

Kindergarten
Librito de fonética 25

¿Qué te gusta comer?
por Inés Salas
ilustrado por
Lee Fitzgerrell Smith

Fonética:
- *ca, co, cu*

Sistema de fonética
Scott Foresman™

© Scott Foresman K

Fonética en familia: Con este cuento el niño está aprendiendo a leer las sílabas *ca, co, cu*. También está repasando las palabras de uso frecuente *me* y *gustan*. Léale al niño el cuento en voz alta, señalando cada palabra. Después, invítelo a identificar los palabras con *ca, co, cu*.

Palabras de uso frecuente: *me, gustan*

Fonética: *ca, co, cu*

Y a ti, ¿qué más te gusta?

Scott Foresman

Editorial Offices: Glenview, Illinois • New York, New York
Sales Offices: Reading, Massachusetts • Duluth, Georgia
Glenview, Illinois • Carrollton, Texas • Menlo Park, California

A mí me gusta comer.
¿A ti también?

Me gusta el helado de canela.
Mamá saca el helado con una cuchara.

A mí me gusta la coliflor.
Y a ti, ¿qué te gusta?

A mí me gusta el coco.
Y a ti, ¿también te gusta?

A mí me gustan los
camarones con tomate.
Y a ti, ¿qué te gusta?

A mí me gusta cómo
cocina mi mamá.
Y a ti, ¿te gusta la
comida de tu mamá?

¡Qué sabio ratoncito!

por Yolanda Velasco
ilustrado por Nancy White Cassidy

Lectura
Scott Foresman

**Kindergarten
Librito de fonética 26**

**¡Qué sabio ratoncito!
por Yolanda Velasco
ilustrado por
Nancy White Cassidy**

Fonética:
- *que, qui*

Sistema de fonética
Scott Foresman

© Scott Foresman K

Fonética en familia: Con este cuento el niño está aprendiendo a leer las sílabas *que* y *qui*. Léale el cuento en voz alta, señalando cada palabra. Invite al niño a jugar descubriendo los objetos de la casa que tienen estas sílabas.

Fonética: *que, qui*

El gato se come el queso.
El ratón se va feliz.

Scott Foresman

Editorial Offices: Glenview, Illinois • New York, New York
Sales Offices: Reading, Massachusetts • Duluth, Georgia
Glenview, Illinois • Carrollton, Texas • Menlo Park, California

El ratón lleva un queso.

¿Quieres el queso primero?

El gato quiere comer.

Queso solo no.
Quiero queso con ratón.

¿Qué llevas en el saquito?

Llevo quesito.
¿Lo quieres, gato amiguito?

El payaso Yiyo

por Celia Cizarro
ilustrado por Deborah Healy

Kindergarten
Librito de fonética 27

El payaso Yiyo
por Celia Cizarro
ilustrado por Deborah Healy

Fonética:
- *ya, ye, yi, yo, yu*

Sistema de fonética
Scott Foresman

Lectura
Scott Foresman

© Scott Foresman K

Fonética en familia: Con este cuento el niño está aprendiendo a leer las sílabas *ya, ye, yi, yo, yu*. Lea el cuento con él, señalando cada palabra. Después, invite al niño a que lea el cuento en voz alta.

Fonética: *ya, ye, yi, yo, yu*

Soy Yiyo, el payaso.
Soy famoso por aquí.
A los niños ayudo a
ser felices.

Scott Foresman

Editorial Offices: Glenview, Illinois • New York, New York
Sales Offices: Reading, Massachusetts • Duluth, Georgia
Glenview, Illinois • Carrollton, Texas • Menlo Park, California

Hola, soy el payaso Yiyo.
Sí, Yiyo, ¡ése soy yo!

Yo como yuca,
yogur y guayaba.

Tengo una cobaya.
Se llama Goyita.

Me gusta jugar con mi yoyó después del desayuno.

Goyita es de color amarillo.
Es del color de la yema.

Ésta es mi yegua Yoli.
Vamos a la playa.

Los amigos de Jovita

por Armando Carrión
ilustrado por Kay Life

Lectura
Scott Foresman

Kindergarten
Librito de fonética 28

Los amigos de Jovita
por Armando Carrión
ilustrado por Kay Life

Fonética:
- ja, je, ji, jo, ju

Sistema de fonética
Scott Foresman

© Scott Foresman **K**

Fonética en familia: Con este cuento el niño está aprendiendo a leer las sílabas *ja, je, ji, jo, ju* y también está practicando las palabras de uso frecuente *ese* y *un*. Lea el cuento en voz alta, señalando cada palabra. Pida al niño que identifique las palabras que empiecen con las sílabas mencionadas.

Palabras de uso frecuente: *ese, un*

Fonética: *ja, je, ji, jo, ju*

Jovita teje y teje.

Scott Foresman

Editorial Offices: Glenview, Illinois • New York, New York
Sales Offices: Reading, Massachusetts • Duluth, Georgia
Glenview, Illinois • Carrollton, Texas • Menlo Park, California

Jovita tiene dos amigos.
Uno es el conejo Javi.
Otro es el pajarito Juli.

Jamás se cansa de tejer.

Javi tiene orejas largas.
Vive en una caja.

Teje una tela bonita.
Es un dibujo de una jirafa.

Juli tiene los ojos azules.
Vive en una jaula de latón.

Jovita teje y teje.
Ese trabajo le gusta.

Gisela va al circo

por Lucía Laberinto
ilustrado por James Edwards

Lectura
Scott Foresman

Kindergarten
Librito de fonética 29

Gisela va al circo
por Lucía Laberinto
ilustrado por
James Edwards

Fonética:
• ge, gi

Sistema de fonética
Scott Foresman

© Scott Foresman K

Fonética en familia: Con este cuento el niño está aprendiendo a leer las sílabas *ge* y *gi*. Lea el cuento en voz alta, señalando cada palabra. Después, invite al niño a que lea el cuento solo.

Fonética: *ge, gi*

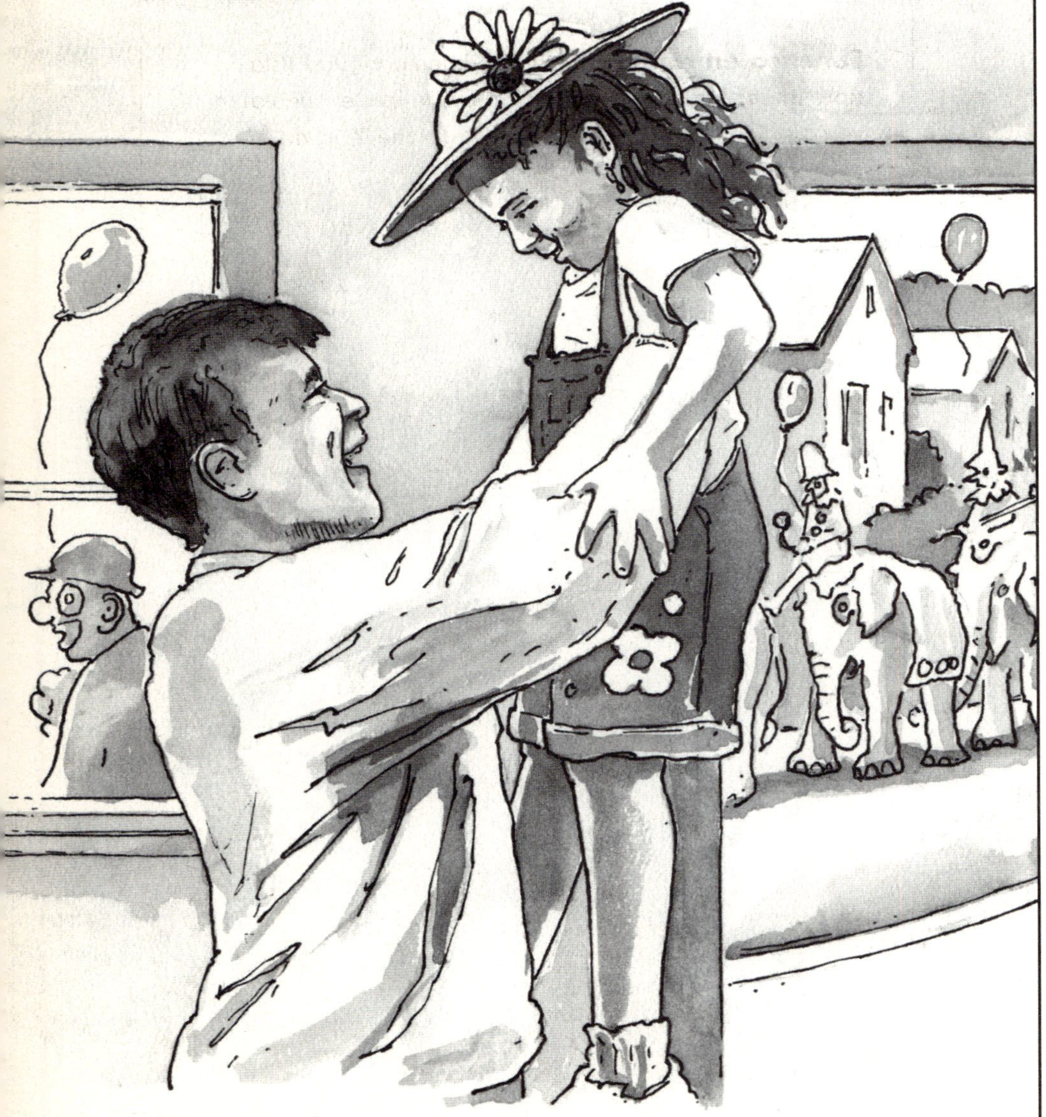

¡Gisela va al circo!

Scott Foresman

Editorial Offices: Glenview, Illinois • New York, New York
Sales Offices: Reading, Massachusetts • Duluth, Georgia
Glenview, Illinois • Carrollton, Texas • Menlo Park, California

Papá es generoso.
A mamá le da geranios.

Gisela toma el sombrero.
Ya se van.

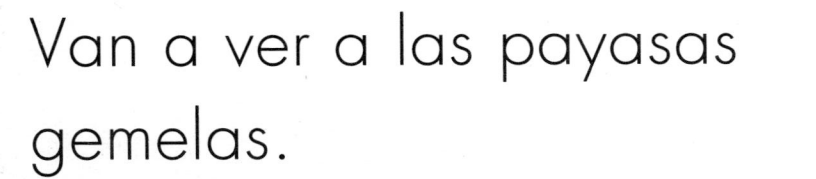

Lleva a Gisela al circo.

Van a ver al gigante.

Van a ver a las payasas gemelas.

Van a ver a Genio.

Genio es muy ágil.

Van a ver leones y tigres.

Los gemelos van de viaje

por Candela Lamas
ilustrado por Len Ebert

**Kindergarten
Librito de fonética 30**

**Los gemelos
van de viaje**
por Candela Lamas
ilustrado por Len Ebert

Fonética:
- Repaso *ca, co, cu;
que, qui;
ya, ye, yi, yo, yu;
ja, je, ji, jo, ju;
ge, gi*

Fonética en familia: Con este cuento el niño está repasando las sílabas *ca, co, cu, que, qui, ya, ye, yi, yo, yu, ja, je, ji, jo, ju, ge, gi*. Lean juntos el cuento. Después, permita que el niño lea el cuento en voz alta y que identifique las palabras que contienen las sílabas anteriormente mencionadas.

Fonética: Repaso: *ca, co, cu, que, qui, ya, ye, yi, yo, yu, ja, je, ji, jo, ju, ge, gi*

Pero… ¡han dejado a los gemelos!

Scott Foresman

Editorial Offices: Glenview, Illinois • New York, New York
Sales Offices: Reading, Massachusetts • Duluth, Georgia
Glenview, Illinois • Carrollton, Texas • Menlo Park, California

Los gemelos van de viaje con su familia.

Ya se van. ¡Buen viaje!

Gema toma su osito y su yoyo.

José pone los juguetes en la maleta pequeña.

Camilo pone los pantalones y las camisas en la maleta mediana.

Mamá pone los bocadillos de queso y jamón.

El ratoncito va al recreo

por Carlota Bustamante
ilustrado por Steven Mach

Lectura
Scott Foresman

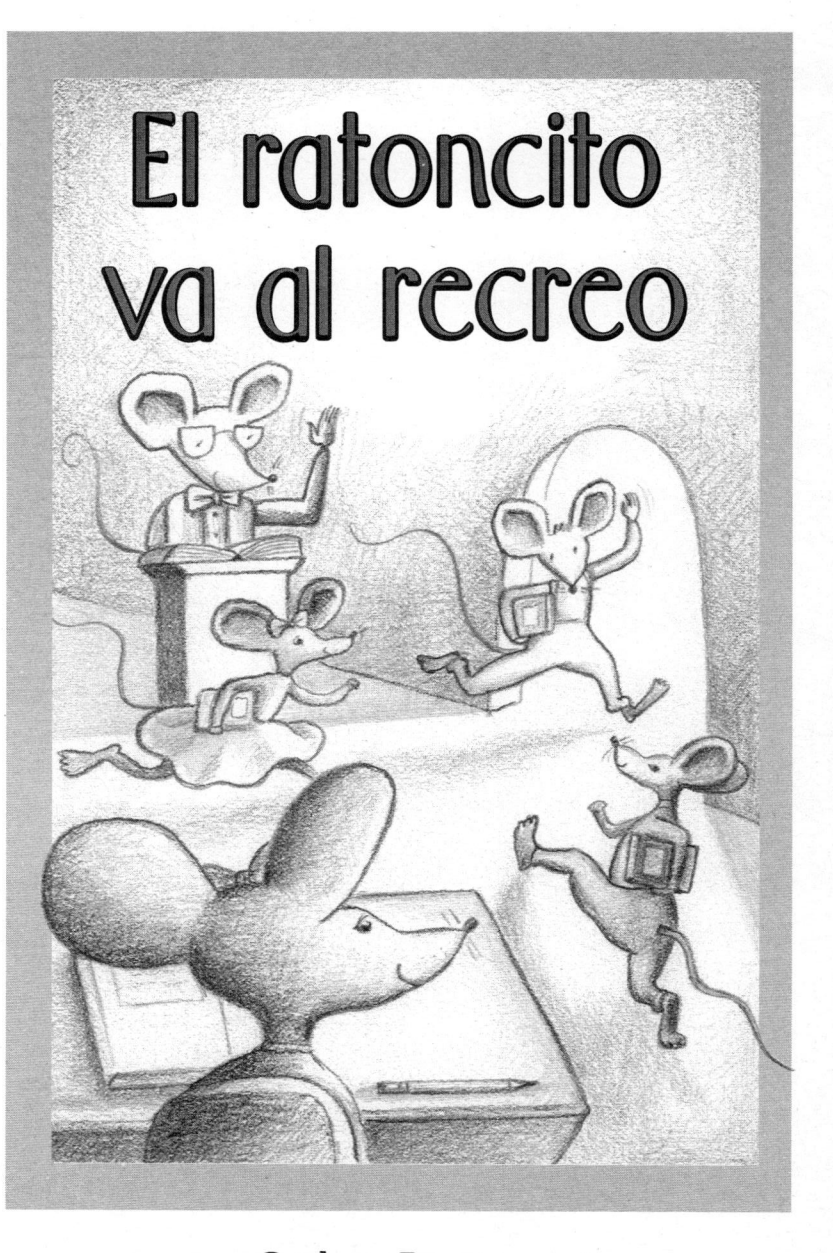

Kindergarten
Librito de fonética 31

El ratoncito va al recreo
por Carlota Bustamante
ilustrado por Steven Mach

Fonética:
- *r* inicial

Sistema de fonética
Scott Foresman™

© Scott Foresman K

Fonética en familia: Este cuento le ofrece al niño la oportunidad de practicar palabras que empiezan con el sonido fuerte de r, además de las palabras de uso frecuente es y o. Después de haber leído el libro juntos, pídale que le diga palabras que empiecen con r.

Palabras de uso frecuente: es, o

Fonética: r inicial

Scott Foresman

Editorial Offices: Glenview, Illinois • New York, New York
Sales Offices: Reading, Massachusetts • Duluth, Georgia
Glenview, Illinois • Carrollton, Texas • Menlo Park, California

Rápido, rápido
de la emoción,
late que late su corazón.

Rápido, rápido
va el ratoncito.

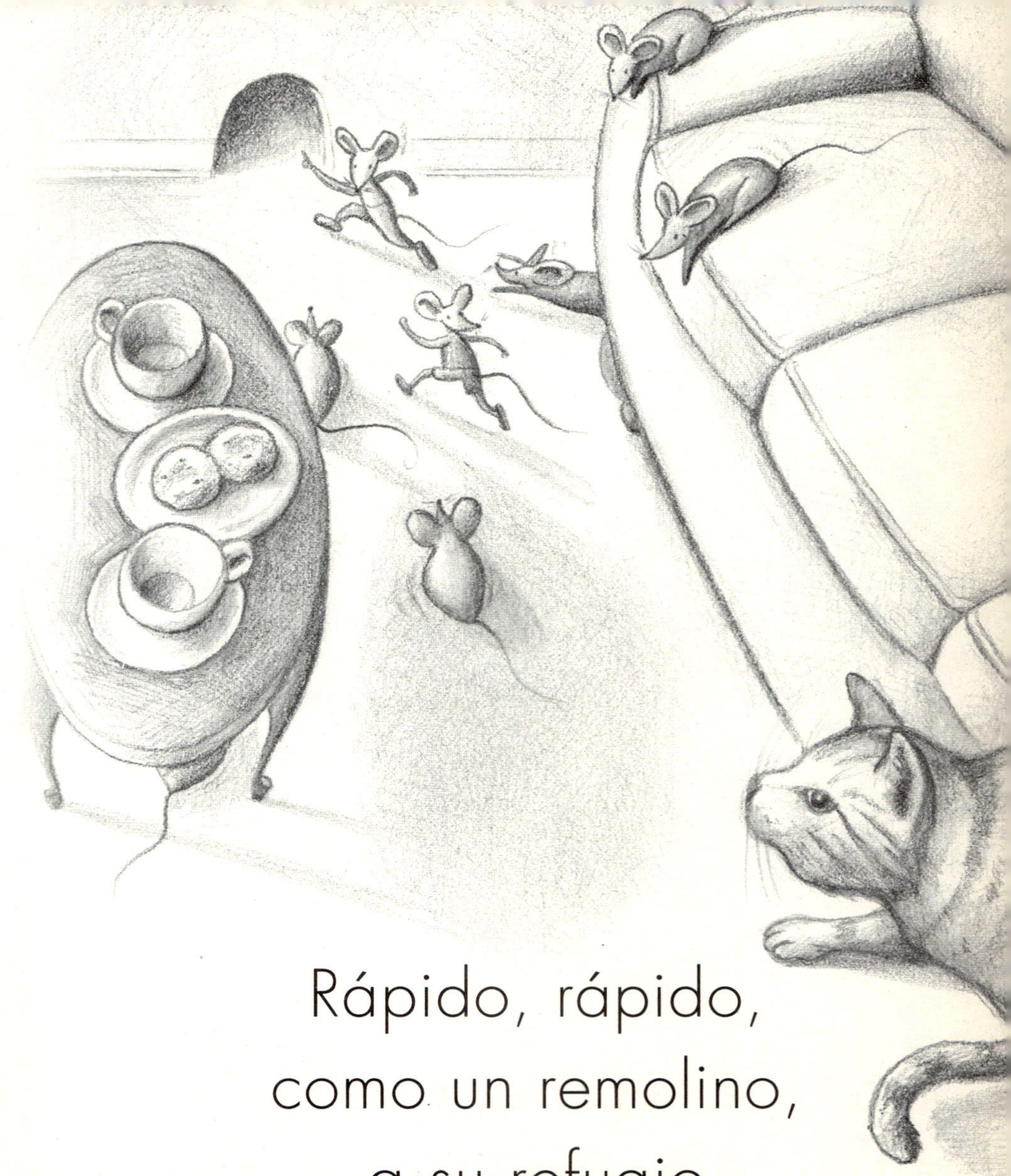

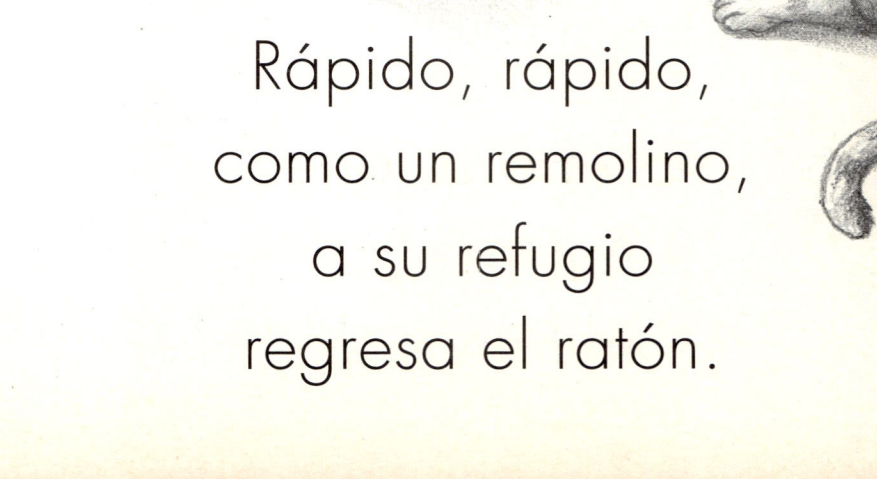

Rápido, rápido,
como un remolino,
regresa el ratón.

Rápido, rápido
a su recreo.
Rápido, rápido
a su rincón.

Rápido, rápido,
¿se va o se queda?
Rápido, rápido,
¡es un gato mirón!

Rápido, rápido,
roe que roe.

Rápido, rápido, rápido,
oye un rumor.

Del cerro al arroyo

por Yola Hurtado
ilustrado por Mike Cressy

**Kindergarten
Librito de fonética 32**

Del cerro al arroyo
por Yola Hurtado
ilustrado por Mike Cressy

Fonética:
• Sílabas con *rr*

Sistema de fonética
Scott Foresman

Fonética en familia: Este cuento le ofrece al niño la oportunidad de practicar palabras que contienen sílabas con *rr* y también las palabras de uso frecuente *y* y *día*. Después de haber leído juntos el cuento, pídale que le muestre las palabras del cuento que contengan sílabas con *rr*. Explíquele el significado de las palabras que le puedan causar dificultad, como *arroyo*.

Palabras de uso frecuente: *y, día*

Fonética: *rra, rre, rri, rro, rru*

¡Hola, perrito!
¡Ven y acompáñame!

Scott Foresman

Editorial Offices: Glenview, Illinois • New York, New York
Sales Offices: Reading, Massachusetts • Duluth, Georgia
Glenview, Illinois • Carrollton, Texas • Menlo Park, California

Un día corro al cerro.

Arriba en la torre, veo el arroyo y veo el perrito.

Otro día corro al arroyo.

En el cerro me subo a la torre.

En el cerro está la torre.

En el arroyo está un perrito.

El zorrito y sus zapatos

por Javier Peña
ilustrado por Marie Garafano

**Kindergarten
Librito de fonética 33**

El zorrito y sus zapatos
por Javier Peña
ilustrado por
Marie Garafano

Fonética:
- *za, zo, zu*

Fonética en familia: Este cuento le ofrece al niño la oportunidad de practicar palabras que contienen sílabas con *za, zo, zu*. Después de haber leído el cuento juntos, pídale que le muestre las palabras del cuento que contengan las sílabas *za, zo, zu*.

Fonética: *za, zo, zu*

Así, sin zapatos, sí eres un zorrito.

Scott Foresman

Editorial Offices: Glenview, Illinois • New York, New York
Sales Offices: Reading, Massachusetts • Duluth, Georgia
Glenview, Illinois • Carrollton, Texas • Menlo Park, California

Un zorrito va con zapatos azules.

Sin zapatos el zorrito camina y corre más.

¿Tú con zapatos azules?

Está bien, mamá.
Dejo los zapatos en casa.

Me gustan los
zapatos azules.
Así, camino y corro
como un niño.

¡Pero un zorro no
usa zapatos!

Sopa de cebolla con cebada

por Celia Bravo
ilustrado por Reed Sprunger

Kindergarten
Librito de fonética 34

**Sopa de cebolla
con cebada
por Celia Bravo
ilustrado por
Reed Sprunger**

Fonética:
- *ce, ci*

Sistema de fonética
Scott Foresman

Fonética en familia: Este cuento le ofrece al niño la oportunidad de practicar palabras que contienen sílabas con *ce*, *ci*. Después de haber leído el cuento juntos, pídale que le muestre las palabras del cuento que comiencen con sílabas *ce* y *ci*.

Fonética: *ce, ci*

¡Qué bien que les guste!
Hay sopa de cebada
con cebolla para las dos.

Scott Foresman

Editorial Offices: Glenview, Illinois • New York, New York
Sales Offices: Reading, Massachusetts • Duluth, Georgia
Glenview, Illinois • Carrollton, Texas • Menlo Park, California

Celina va a la cima del cerro con su papá.

¡Yo también quiero más!

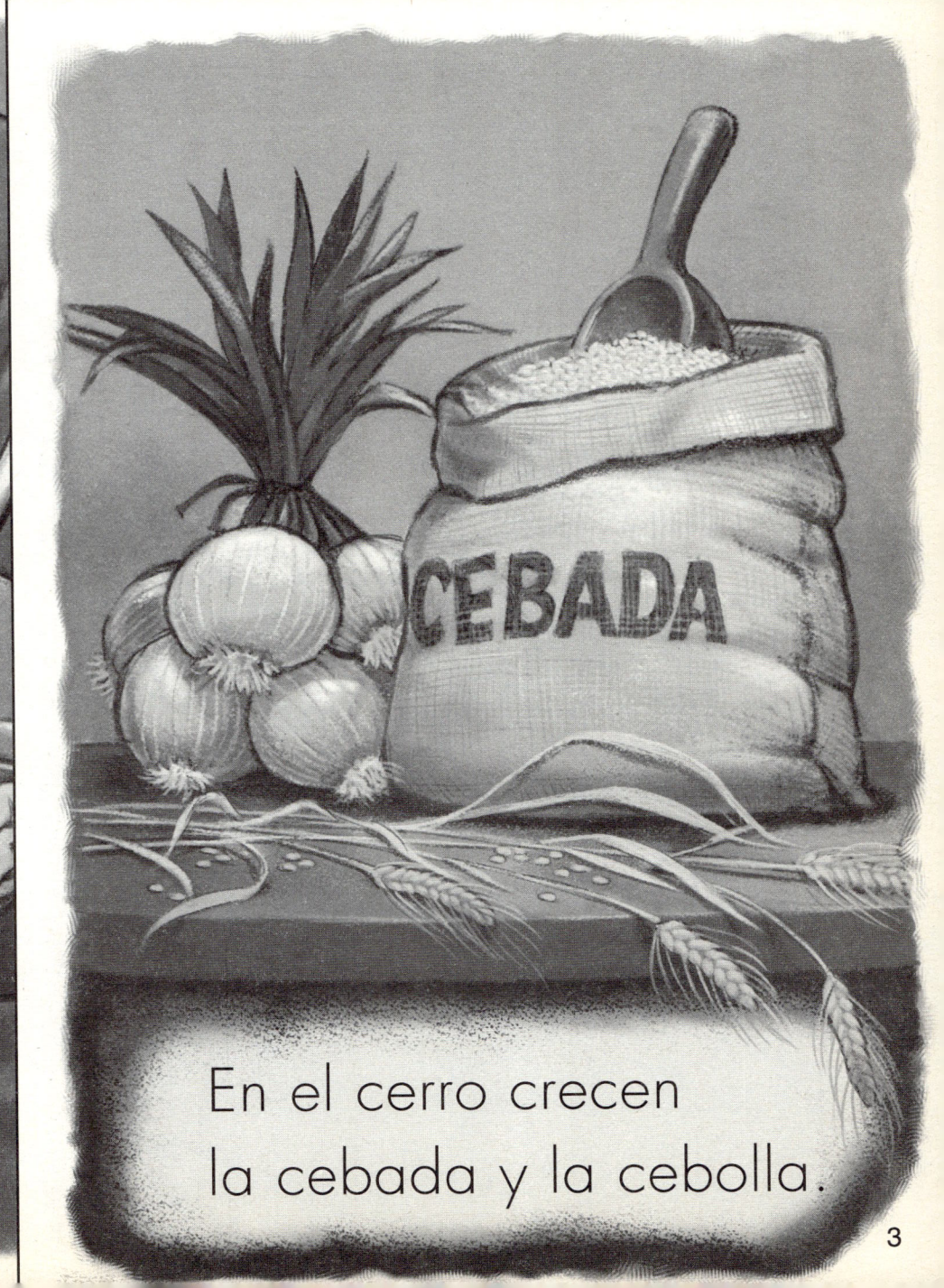

En el cerro crecen la cebada y la cebolla.

Me gusta mucho.
¡Quiero más, quiero más!

Con la cebada y la cebolla Celina y su papá hacen la sopa.

Celina y Cecilia toman la sopa de cebolla con cebada.

La tuna de Coreta

por Rolando Martínez
ilustrado por Darryl Ligasan

**Kindergarten
Librito de fonética 35**

**La tuna de Coreta
por Rolando Martínez
ilustrado por
Darryl Ligasan**

Fonética:
- *r suave*

Sistema de fonética
Scott Foresman

© Scott Foresman K

Fonética en familia: Este cuento le ofrece al niño la oportunidad de practicar palabras que contienen sílabas con *r* suave, como en *Corina*, así como las palabras de uso frecuente *puede* y *le*. Después de leer el cuento juntos, pídale al niño que le muestre las palabras del cuento que contienen sílabas con *r*. Ayúdele a descifrar palabras que le puedan causar dificultad, como *clarinete* y *cítara*.

Explíquele al niño que una tuna es un grupo de músicos formado por estudiantes. Los instrumentos que se usan normalmente en una tuna son la guitarra, la mandolina, la pandereta y el clarinete.

Palabras de uso frecuente: *puede, le*

Fonética: *r* suave

¡Ya le podemos llevar serenata a la maestra!

Scott Foresman

Editorial Offices: Glenview, Illinois • New York, New York
Sales Offices: Reading, Massachusetts • Duluth, Georgia
Glenview, Illinois • Carrollton, Texas • Menlo Park, California

Coreta puede tocar la pandereta.

Casimiro e Isidoro cantan en coro.

Corina puede tocar la mandolina.

Manolete puede tocar el clarinete.

Teresa puede tocar
la cítara.

Mara puede tocar
la guitarra.

Azucena y Zoco

por Nora Galón
ilustrado por Le Uyen Pham

Lectura
Scott Foresman

Kindergarten
Librito de fonética 36

Azucena y Zoco
por Nora Galón
ilustrado por
Le Uyen Pham

Fonética:
- Repaso: *r* inicial; sílabas con *rr*; *za, zo, zu; ce, ci; r* suave

Sistema de fonética
Scott Foresman

Fonética en familia: Este libro le ofrece al niño la oportunidad de practicar palabras que contienen las sílabas que ha aprendido durante kindergarten. Lean el libro juntos. Después, pídale al niño que le muestre las palabras que riman, como por ejemplo *Zoco* y *poco*.

Fonética: Repaso: *r* inicial; sílabas con *rr*; *za, zo, zu; ce, ci; r* suave

Los tres se sientan
en la cocina
y se comen
la rica comida.

Scott Foresman

Editorial Offices: Glenview, Illinois • New York, New York
Sales Offices: Reading, Massachusetts • Duluth, Georgia
Glenview, Illinois • Carrollton, Texas • Menlo Park, California

Azucena tiene un perro
que se llama Zoco.
Siempre sale con él
a pasear un poco.

Azucena y Zoco
se han mojado
pero la tía Tomasa
la cena les ha preparado.

En la acera caminan,
una al lado del otro.
El sol brilla
como bola de oro.

Corriendo van
hacia la casa
donde los espera
la tía Tomasa.

Suben a la cima
de una montaña
y Zoco se asusta
de una araña.

De pronto
se pone a llover
y muy rápido
tienen que volver.